EMF2-0040 J-POP CHORUS PIECE
合唱楽譜＜J-POP＞

合唱で歌いたい！J-POPコーラスピース

女声2部合唱

TOMORROW

作詞：岡本真夜、真名杏樹　作曲：岡本真夜　合唱編曲：山本寛之

••• 曲目解説 •••

　1995年にリリースされた岡本真夜のデビューシングルです。デビュー作ながらオリコンシングルチャートで1位を獲得するなど、当時大注目されていたこの楽曲。発表されてから時を経た今でも、応援ソングとして世代を超えて歌われています。本人が「故郷の友達を励ますために書いた曲」と語ったとおり、聴く人を励まし、元気を与える名曲です。

【この楽譜は、旧商品『TOMORROW（女声2部合唱）』（品番：EME-C0004）とはアレンジが異なります。】

TOMORROW

作詞:岡本真夜、真名杏樹　作曲:岡本真夜　合唱編曲:山本寛之

© 2004 M.C.CABIN MUSIC PUBLISHERS,INC., Toho Music Corporation, J-WAVE MUSIC INC.

TOMORROW

作詞：岡本真夜、真名杏樹

※涙の数だけ強くなれるよ
　アスファルトに咲く　花のように
　見るものすべてに　おびえないで
　明日(あした)は来るよ　君のために

　突然会いたいなんて
　夜更(よふ)けに何があったの
　あわてて　ジョークにしても
　その笑顔が悲しい

　ビルの上には　ほら月明かり
　抱(だ)きしめてる　思い出とか
　プライドとか　捨てたらまた
　いい事あるから

　※くりかえし

　季節を忘れるくらい
　いろんな事があるけど
　二人でただ歩いてる
　この感じがいとしい

　頼りにしてる　だけど時には
　夢の荷物　放り投げて
　泣いてもいいよ　つきあうから
　カッコつけないで

※※涙の数だけ強くなろうよ
　風に揺れている　花のように
　自分をそのまま　信じていてね
　明日(あした)は来るよ　どんな時も

　※くりかえし

　※※くりかえし

　明日(あした)は来るよ　君のために

MEMO

MEMO

エレヴァートミュージックエンターテイメントはウィンズスコアが
展開する「合唱楽譜・器楽系楽譜」を中心とした専門レーベルです。

ご注文について

エレヴァートミュージックエンターテイメントの商品は全国の楽器店、ならびに書店にてお求めになれ
ますが、店頭でのご購入が困難な場合、当社PC＆モバイルサイト・電話からのご注文で、直接ご購入
が可能です。

◎当社PCサイトでのご注文方法

http://elevato-music.com

上記のアドレスへアクセスし、WEBショップにてご注文ください。

◎お電話でのご注文方法

TEL.0120-713-771

営業時間内に電話いただければ、電話にてご注文を承ります。

◎モバイルサイトでのご注文方法

右のQRコードを読み取ってアクセスいただくか、
URLを直接ご入力ください。

※この出版物の全部または一部を権利者に無断で複製（コピー）することは、著作権の侵害にあたり、
　著作権法により罰せられます。
※造本には十分注意しておりますが、万一、落丁・乱丁などの不良品がありましたらお取り替えいたします。
　また、ご意見・ご感想もホームページより受け付けておりますので、お気軽にお問い合わせください。